世界 節慶 小百科

目_{ㄇㄨ}錄_{ㄌㄨ}

元旦

　　元旦是指新的一年的第一天。古埃及人因為農耕關係，所以特別在意尼羅河漲潮的情況，因此也發現當尼羅河漲潮到開羅城附近時，恰巧也是太陽與天狼星從地平線升起的時候，所以最後訂這一天為一年的開始。因為每個地區太陽升起的時間不同，每個國家慶祝元旦的方式也各有其趣；在紐約大家會聚集在時代廣場上一起倒數；雪梨有煙火秀來慶祝；日本要敲鐘108下；除了這些慶祝活動，有趣的是，在印度他們在這一天不對人生氣也不吵架，大家用哭泣來為了生命的短暫感嘆惜福。

情人節

在2月14日是西洋情人節。每個國家的情人節都有著不一樣的由來或是文化。很多人流傳古羅馬的傳說：有一個君王，為了讓國家的兵力更加強壯，規定單身的男性都不准結婚，只能加入軍隊！有個基督教的修士，不理會規定幫村民證婚，而被處死。在這之後人們為了紀念這位修士，才有了情人節的由來！有了西洋版本，當然也有一個華人的情人節：傳說身為凡人的牛郎與身為王母娘娘外孫女的織女相愛，不被允許的他們只能在農曆的7月7日相會，所以人們就把這一天訂為七夕。

愚人節

　　4月1日是個好玩的日子，大家會開玩笑，捉弄一下好朋友，這是從歐洲開始的節日。古代有個傳說，在西班牙的某任國王，只要不是天主教的人，都被他當成壞人、怪物，會在這天將這些他認為的壞人判死刑。人民非常害怕，從此只要到了這天，就會互相說謊、開玩笑，來度過他們害怕的這一天，才有了愚人節這個節日。一般來說，大部分的人到了這天會以各種玩笑和欺騙來捉弄彼此，直到當日結束才揭開玩笑的真相。不過大家還是會盡量的避免開一些禁忌的玩笑，像是發生危險的事、或是天災人禍之類的。

復活節

復活節有著向春天致敬以及重生的意思。對於基督徒來說是個很重要的節日呢！時間是在每年春分月圓之後的第一個星期日，大概在3月22日到4月27日之間。為什麼會有復活節呢？據說耶穌被釘在十字架死後的第三天，耶穌不見了，而且天使告訴人民，因為耶穌沒有罪，所以祂復活了。人們為了紀念耶穌替大家贖罪成功，並且復活，所以把這天稱為復活節。復活節兔及彩蛋是復活節的最大特色，復活節兔會將彩蛋藏起來，起床的孩子收到糖果後，開始尋找彩蛋，找到最多彩蛋的小朋友就能獲得獎品！

萬聖節

　　萬聖節是西方人的鬼節，跟華人的中元節有點相似，兩者都認為這天是鬼魂力量最強大的日子，因此創造許多有趣的活動來轉移恐怖氣氛。西方人會把自己也裝扮成鬼怪的模樣，他們認為如果自己也變成鬼怪，那麼真正的鬼怪就分不清楚哪個才是人，也不會發生不好的事情。還有一個南瓜燈的習俗，相傳有個叫傑克的酒鬼去世後，因為天堂和地獄都沒辦法收容他，在黑漆漆的路上他不知道該往哪裡去，鬼怪給了他一個燒紅的炭放在蘿蔔裡探路，但流傳到後來因為當時南瓜比蘿蔔便宜，因此大家就改用南瓜來做燈籠。

感恩節

感恩節是美國和加拿大的重要節日，起源1620年，而加拿大的感恩節則是1879年，主要都是為了感謝這一年來的豐收。也因為地理位置不同，造成豐收的時間不一樣，所以在11月的第四個星期四是美國感恩節，而加拿大則是10月的第二個星期一。最早有感恩節的美國，是因為當時有一群受到迫害的清教徒，搭乘五月花號想要移民到美洲新大陸，中間過程歷經壞死病的盛行和印地安人發生衝突等困難，最後與印地安人簽訂協議，甚至一起栽種植物與漁獲，得到了豐收的結果。從此一起感謝上天的賜予，而產生了感恩節。

平安夜

　　平安夜指的是聖誕節的前一天12月24日的晚上，也叫做聖誕夜。依照傳統，這是每個家庭擺上聖誕樹，圍在旁邊拆禮物、互相祝福的日子，也是聖誕老公公會發送禮物的日子喔！在這天，世界各地的教堂會舉辦彌撒和聚會，代表著聖誕日的開始，通常都會有耶穌降生故事的話劇表演，表演結束後大家一起享用聖誕大餐。關於平安夜，有個傳說，在耶穌誕生的那天，牧羊人聽到天上傳出聲音，告訴他耶穌即將誕生到人世間來當王，要他將消息傳給更多的人！從此，人們會在這天晚上一家傳一家說著耶穌誕生的故事，也稱為「報佳音」。

農曆年

　　農曆過年通常是指除夕到正月初五之間，在古時候的民間，有著1月還沒過，農曆年就還沒過的說法。根據習俗，在除夕那天晚上，全家人會團圓在一起吃年夜飯、發紅包，還有守歲；初一除了拜年，是不能洗頭和打掃；初二是女兒回娘家的日子等。過年還有其他傳統活動，像是放鞭炮。以前還有個傳說，因為年獸害怕炮聲和光，所以整個過年期間都會有很多人在放煙火及鞭炮，為了要把年獸嚇跑！另外，也會吃具有吉利諧音的菜餚，像是年糕代表年年高升；魚代表年年有餘，這道年夜菜一定不可以吃光，要留到隔天喔！

元宵節

　　每年農曆的正月十五日農曆新年剛過，接著而來的就是傳統節日元宵節，正月是農曆的「元」月，古時候的人們稱夜晚為「宵」，所以他們稱正月十五為元宵節、上元節。正月十五日是一年中第一個月圓的夜晚，也是象徵一元復始、大地回春的夜晚，所以會加以慶祝，也同時延續慶賀新年。

　　元宵點燈的風俗其實從漢朝就開始了，到了唐代賞燈活動更加興盛，在元宵節的時候，大家會點起好幾盞的彩燈，也會提著燈籠走上街頭，甚至有猜燈謎、吃湯圓、闔家團聚的習俗，演變至今大家還興起烤肉的活動呢！

植樹節

　　3 月 12 日這天是植樹節，　同時也是國父　孫中山的逝世紀念日。會將這兩個節日放在同一天，　是因為國父　孫中山在生前特別說了：「　造林是民生建設重要項目」。　所以為了紀念國父在民生上的努力，而將植樹節訂在國父逝世的這一天喔！　其實最早創立植樹節的國家是美國，　植樹節的產生是因為要讓每個人都能愛惜國土、　激發大家一起讓國土綠化，　保護我們所生存的土地。　林務局將 2 月～ 3 月 12 日這期間訂為「　植樹月」，　推動了四個活動：　社區植樹、　區域植樹、　中樞紀念植樹活動及植樹節大會。　提醒大家一起好好愛護地球！

兒童節

　　4 月 4 日是兒童節。 在 1925 年 8 月有 54 個國家的兒童代表, 參加兒童幸福國際大會, 那天通過了「日內瓦保障兒童宣言」, 在會後各個國家也先後開始設立兒童節。 臺灣是在 1931 年, 由中華慈幼協會提議, 而產生了兒童節。 在 1991 年, 依照「紀念日及節日實施辦法」, 將 3 月 8 日婦女節及 4 月 4 日兒童節合併在清明節前一天放假, 成為連續假日。 但還是各自擁有節日, 沒有合併成為婦幼節, 各國也有很不一樣的慶祝方式喔! 在巴西, 兒童節為 8 月 15 日, 同時也是全國防疫日, 所以兒童在當天是要打針的呢!

清明節

　　清明節又叫做民族掃墓節，日期會在國曆的 4 月 5 日或 6 號喔！因為是依照24節氣中春分後15天，所以日期並不固定。相傳在劉邦打贏項羽取得天下後，劉邦到父母墳墓前祭拜，卻發現因為戰爭，到處都是雜草，或是斷裂的墓碑，有些甚至看不到字了，也就找不到父母親的墓，他只好把紙撕成紙片，希望上天能讓紙片掉落在父母的墓碑上，結果還真的找到父母的墓碑！在那之後他馬上重整了墓碑，並在每一年的這個時候去掃墓。此後，人們也效仿去掃墓，並在墓前押著小紙片，表示祭拜過了。

勞動節

　　勞動節是紀念1866年5月1日大型規模的罷工遊行所造成的傷亡勞工，雖然這些示威遊行活動超過百年以上的歷史，但勞工平時在工作崗位上的辛勞，卻還是不會改變！全世界都有類似這樣的節日，一方面是紀念當年的勞工抗爭事件，另一方面則是犒賞勞工們的努力。臺灣的勞動節休假是根據《勞動基準法》的規定實施，其中第37條提到「紀念日、勞動節日及其他由中央主管機關規定應放假之日，均應休假。」，而臺灣勞動節日期則根據《紀念日及節日實施辦法》規定，訂於每年的5月1日，與世界上大多數國家一樣。

端午節

5月5日是端午節，屬於三大節日之一。在古時候，5月也被稱為惡月，因為以前5月正是瘟疫流行的期間，因此有很多習俗都和辟邪驅瘟有關呢！像是在家門口掛上菖蒲、艾草，在身上掛著香包、喝雄黃酒解毒都是相同的用意。端午節紀念著多位歷史人物，最具代表的就是詩人屈原！屈原因為滿懷對國家的抱負卻不被重用，因而投汨羅江自盡，民眾得知後，划著船隻在江上尋找屈原的下落，演變到後來，端午節就成為划龍舟紀念屈原的節日了。另外，包粽子、吃粽子也是端午節的一大傳統喔！

中秋節

　　農曆8月15日是中秋節，農曆15號是月圓的日子。因為月亮特別圓，象徵著團圓，所以又稱為團圓節。據說古時候，后羿求到了不死藥，他的徒弟想要偷偷的偷走，而后羿的老婆嫦娥為了阻止被拿走，情急之下就把不死藥吃了下去，從此飛上月亮成為神仙。因為后羿太想念嫦娥，所以每當月圓之時，后羿就會在月光下擺上嫦娥喜歡吃的食物，看著月亮表達思念。在這之後，才有了賞月以及擺設宴席，向月亮上的嫦娥祈求平安的習俗。不過中秋節除了賞月、吃月餅的習俗外，不知道從什麼時候開始，在臺灣也興起烤肉的活動呢！

國際婦女節

　　3月8日是國際婦女節，是為了慶祝婦女在經濟、政治、社會等方面做出的貢獻及成就。國際婦女節可是歷經多次的遊行才爭取到的呢！1857年3月8日，紐約的紡織女工為了抗議不合理的工作條件而走上街頭，在這之後每年的3月8日幾乎都有遊行活動。最受到矚目的是在1908年，有15000多個婦女上街要求縮短上班時間、增加薪水、享有選舉權等，也有了「麵包加玫瑰」的口號。每一次的抗議遊行，都一點一點的保障婦女權益，經過多年的努力後，聯合國從1975年開始，每年於3月8日舉辦活動慶祝國際婦女節。

世界地球日

　　世界地球日，訂為每年的 4 月 22 日。其實一開始的世界地球日是訂在春分節氣這一天，因為這天全世界的白天黑夜各占整天一半，象徵著世界的平等、和平。一直到了 1970 年，一名哈佛大學法學院的學生丹尼斯，提出了要將地球日定位成在全美國以環保為主軸的想法，此想法受到肯定，也有很多人的參與，環境保護就成為了世界地球日的主旨，丹尼斯也得到地球日之父的稱號呢！第 20 屆的世界地球日，美國向全世界推動此環保活動，得到 140 多個國家的肯定及參與，世界地球日成為一個擁有深刻意義的節日。

世界新聞日

　　世界新聞日，是由聯合國大會在 1993 年 5 月 3 日創立的。有四大點為此節日的宗旨：慶祝新聞自由的基本原則、在全球範圍探討新聞的自由度、捍衛媒體的獨立性、對在工作中獻出了生命的記者們表示敬意。根據保護記者協會的報告，有多位記者都因為這個職業，變成被綁架或攻擊的對象，更有 70% 的記者因為工作而被殺害。所以世界新聞日同時也擁有向已犧牲的記者致敬，也提醒政府、民眾更加重視新聞媒體人！在這天，還會頒發吉耶爾莫・卡諾新聞自由獎，這個獎項從 1997 年開始頒發，用來表揚為言論自由努力的個人或團體。

世界海洋日

　　1992年有了世界海洋日這個想法，但是到了2009年才成為聯合國的官方節日，日期是每年的6月8日。我們必須知道海洋的重要性，海洋是地球的肺，而我們呼吸的氧氣沒有海洋是製造不出來的喔！海洋汙染及垃圾問題，對海洋的影響很大，尤其是菸蒂及塑膠廢棄物，為了讓大家重視海洋環境保護的問題，每年的世界海洋日都會有不同的主題。像是在2010年，美國舉辦了世界海洋日系列慶祝活動，讓民眾更了解海洋、海洋生物，並有幾點我們可以去思考、去實踐的：改變視角；向海洋學習；改變我們的生活習慣。

世界人權日

　　歷經戰爭的殘酷後，聯合國在1948年12月10日發表《世界人權宣言》，同時也將這天訂為世界人權日。人權的意思是身為人而應該享有的權利，針對人權，每個國家都還有些爭議，不過安全、自由、政治、訴訟、平等、福利、民族的權利是目前較多數國家共同的人權立法。另外，《世界人權宣言》是不具有法律效力的喔！只能說是一個標準，希望世界一起努力達成的指標。雖然並非具有實質效力，但卻為《公民權利和政治權利國際公約》和《經濟、社會及文化權利國際公約》奠定了基礎，這兩個公約就擁有法律效力！

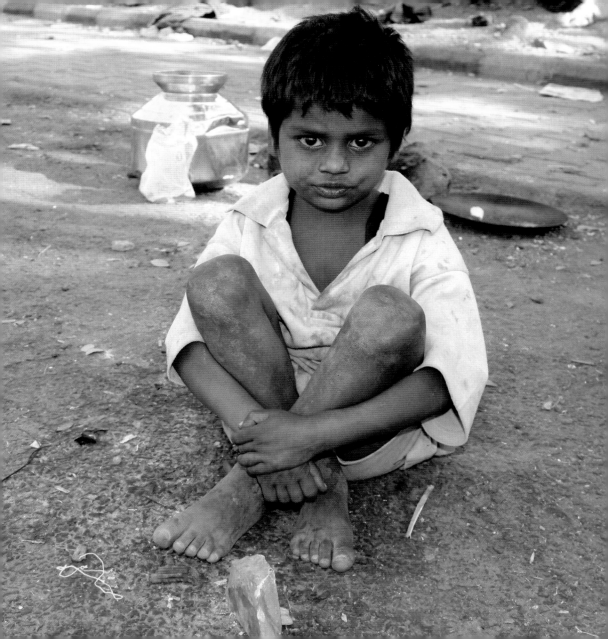

世界糧食日

　　聯合國糧食及農業組織成立時間是 1945 年 10 月 16 日。而在 1972 年的時候，因為連續兩年氣候異常，所以出現了非常嚴重的世界性糧食危機。因此，糧農組織大會時，決定從 1981 年開始，每年 10 月 16 日，組織創建日就訂定為世界糧食日。這個節日的成立，最主要是促進人們重視糧食生產，還有增加全世界人們對於對抗飢餓、營養不良和貧困等問題的了解與聲援，在我們每天豐富飲食之下，有更多地區的人是無法溫飽的，所以除了要關心地球之外，這個節日也建立世界村的關懷概念喔！

國際護師節

　　國際護士節是為了紀念一名偉大的護士——南丁格爾而設立的，日期就訂在她的生日5月12日。南丁格爾不僅是一個護士，更是推動護理學、護理教育的第一人喔！在當時，人們處在戰爭當中，南丁格爾創立了醫院管理員制度，不顧自身安危，帶著38名護士一起到戰爭現場來照護傷兵，讓死亡率降低許多。之後，她更在倫敦設立了英國的第一間護士學校，向世界各地推動護理的工作。而在臺灣，為了讓大家能建立「護理師」的觀念，在2010年3月18日將「國際護士節」正式更名為「國際護師節」。

國際兒童人權日

　　11月20日是國際兒童人權日，這不僅僅是為了紀念保障兒童權利還有反對虐待兒童的節日，更是世界對每一個孩子許下幸福承諾的日子喔！ 1989年11月20日，聯合大會通過了《兒童權利公約》，促使每個國家都能積極保障兒童權利，主張每個孩子都是獨立完整的個體，和大人沒有分別。到目前為止，已經有超過200個國家簽署公約，是有史以來獲得支持最高的公約呢！可見維護兒童各種權利已經是國際之間的共識了喔！最常聽到的「兒童及少年福利法」其實就是依據《兒童權利公約》的主旨所制定。

世界圖書與版權日

　　4 月 23 日是為世界圖書與版權日，又稱為世界書籍與版權日、世界讀書日、世界書香日、世界閱讀日等。在西班牙，每到這段時間，只要讀者每購買一本書就會收到一枝回贈的玫瑰花；在馬德里也會有幾百名作家聚在一起，每人 2 分鐘接力朗誦的活動，都是藝文界的傳統呢！一直到了 1995 年，為了向全世界的書籍和作者致敬，並且要推廣讓更多年輕人了解閱讀的樂趣，而創立世界圖書與版權日。從 2000 年開始，每年會評選出一個城市舉辦世界書都的活動，從每年 4 月 23 日開幕，一直到翌年的 4 月 23 日結束。

美國獨立日

　　每年的 7 月 4 日是美國的獨立日，同時也是國慶日喔！在 1776 年美國革命期間，大陸會議注意到了《美國獨立宣言》，這個宣言將獨立的原因解釋的很清楚，在主要作者托馬斯‧傑斐遜的辯論後，便宣布通過了《美國獨立宣言》，因此美國正式脫離了大英帝國的殖民，這天也成為獨立日及國慶日。獨立日是美國的聯邦假日，除了一些必要的機構外，都會放假呢！在這天會有很多慶祝活動，美國人會全力表達愛國的情緒，會有煙火、家庭烤肉等活動，最受矚目的就是敲響在費城的自由鐘！

美國哥倫布日

　　哥倫布日是美洲國家的節日，日期是在10月的第二個星期一。在不同國家也有著不一樣的名稱喔！像是發現日、美洲人日等。哥倫布是義大利的探險家，在15世紀時，人們不知道地球是圓的這件事，有些探險家提出了這個看法，哥倫布就是其中之一，他更勇敢踏出別人不敢的第一步。1492年，他取得西班牙的幫忙，從歐洲到大西洋，發現美洲這個新大陸。他將這個新大陸取名為聖薩爾瓦多，將當地的土著稱作印地安人，也立即宣布新大陸成為西班牙的領土。在美國，哥倫布日是放假的，當天會有許多紀念活動喔！

巴西里約嘉年華會

巴西里約的嘉年華會，舉辦在每年2月的中下旬，為期四天的活動。嘉年華會的兩項重點：就是森巴舞表演及化妝舞會。在這四天，民眾及遊客都會瘋狂的沉浸其中！嘉年華也稱為狂歡節，而狂歡節是歐洲天主教徒齋戒前最後喝酒吃肉的慶典。在1641年，當時有一條法令是鼓勵人民遊行、跳舞、喝酒來慶祝葡萄牙國王的生日呢！而在巴西里約第一次的嘉年華會是在1723年，那時候人們將鍋碗瓢盆拿來敲打，雞蛋、麵粉拿來砸對方。一直到1907年，花車遊行隊伍才出現；1928年專門訓練嘉年華舞者的森巴學校也誕生了！

威尼斯面具嘉年華

　　威尼斯的面具嘉年華，是在「聖灰星期三」前10天開始，通常是在2到3月之間，活動則是會持續兩個禮拜。在12世紀，威尼斯國打敗了另一個城市阿基亞的主教，所以在廣場舉辦了大型的慶祝典禮，慢慢的演變成現在的面具嘉年華。威尼斯的面具是起源於劇場，所以每個面具其實都是有身分意義的，像是醫生、國王、皇后、動物等，戴上了什麼面具就好像你成為了另一個角色呢！也有面具創作家會做出特別精緻、別具特色的面具。在嘉年華期間，會拋開階級之分，不管你是平民還是貴族，都可以進入晚宴場所一起慶祝。

西班牙奔牛節

　　奔牛節為期八天七夜！古時候西班牙人為了把牛群趕到鬥牛場，費了很大的心思，有人就故意惹牛群們生氣而追著他跑，一路跑，跑到了鬥牛場裡，從此之後就成為了他們的習俗。奔牛節最重要的兩個活動就是「奔牛」以及「鬥牛」，現在的奔牛活動點燃沖天炮後，有3～4分鐘的時間，人們和牛群會跑在大概900公尺的通道，兩邊會有圍欄，讓奔跑的人們在危險時有地方可以躲；鬥牛則是由持長槍、短槍的鬥牛士來挑釁鬥牛，相當刺激呢！但活動因為有些粗暴，也有人提出是否終止活動的建議。

墨西哥亡靈祭

　　每一年10月底到11月初是美國墨西哥的亡靈祭，從第一天晚上，一家人就會帶著枕頭棉被及食物，到墓地去守靈，一到午夜12點，會敲鐘12下、放鞭炮來迎接亡靈的到來。在墨西哥，這個節日是非常歡樂的，他們認為與亡靈和平共處，讓亡靈們開心的回到人間過節，這一年也會受到亡靈的庇佑。墨西哥人還會在墓地及家裡的路途中，沿路放黃色萬壽菊，或是在家門前放上顯眼的燈籠，讓亡靈依照香味找到回家的路。另外，亡靈節有兩種特別的食物：亡靈麵包、骷髏頭糖果，這兩種食物都會做成骷髏的樣式呢！

印度侯麗節

　　侯麗節又稱胡里節、灑紅節，是按照印度曆法中 12 月的月圓之日開始，各地活動有些差異，大概持續一至兩個禮拜，在印度跟尼泊爾等地是很重要的節日喔！傳說古時候在印度有一個暴君，強迫民眾要把他當作神，而他的兒子帕拉德堅持信奉毗濕奴神，為了除掉他，暴君的妹妹侯麗卡穿著防火斗篷帶著帕拉德進入火場，最後卻是帕拉得沒事，侯麗卡葬身於火海之中，人們相信是毗濕奴神的保佑，向王子潑了七種顏色的水來慶祝。在侯麗節這段期間，沒有階級之分，大家互灑紅粉、互砸裝了顏料的水球，每個人身上都是繽紛的色彩呢！

德國慕尼黑啤酒節

　　慕尼黑啤酒節又被稱為「十月節」，起源於 1810 年，最初原本是為了慶祝路德維希王子的婚禮所舉辦的派對，當時在婚禮當天全國人民都一起喝酒快樂慶祝，從那次之後，這個傳統便被保留起來，現在已經變成德國當地固定舉行的嘉年華，每年 9 月末到 10 月初時，都會在德國的慕尼黑舉行，活動期間大約在 14 到 16 天，是一年中最盛大的活動，除了喝酒吃肉，還會舉辦一些藝文活動。許多商家甚至會特地為了這個節慶在短時間內改變店裡面的所有擺設，因此從慕尼黑車站走出來就可以深深感受到整個節慶的氣氛，與人民的喜悅呢！

法國蒙頓檸檬節

　　蒙頓檸檬節是歷史悠久的嘉年華，結合當地盛產的柑橘類水果舉辦於每年的 2 到 3 月，也正是水果採收的季節。節慶中利用幾百萬顆的檸檬、柳橙等柑橘類水果，做成各種以卡通或童話故事為主題的華麗遊行花車，在整個節慶的重頭戲「金色水果大遊行」中展現，顏色非常鮮豔美麗，參加節慶的人除了眼睛能夠看到黃澄澄的水果色彩以及各式各樣的化妝遊行和特技表演以外，就連鼻子聞到的也是香氣四溢的柑橘、檸檬香。而原本位在法國東南方邊陲，與義大利邊境的蒙頓，也藉著檸檬節快速的打開國際知名度呢！

泰國潑水節

　　泰國的潑水節舉辦在每年的 4 月 13 日至 15 日這三天，通常會在曼谷、清邁及大城最為熱鬧，而這段期間在泰國的傳統節氣上是一年之中最熱的時候，也是農民休息的期間，因此人們便在這幾天互相潑水慶祝，被潑水的人不生氣並且用微笑面對潑他的人，象徵把過去一整年不好的運氣、事情跟心情通通洗去，也祈求新的一年能煥然一新、順利平安，就像中國人的新年、巴西的嘉年華會一樣，是一年之中最歡樂也最喜氣的慶典，由於潑水節的泰文叫「Songkran」，源自「Sanskrit」名為通過之意，因此潑水節又被稱為「宋卡節」。

尼泊爾燈節

　　尼泊爾燈節依照尼泊爾的年曆舉行，通常在每年的 10 或 11 月，主要以點亮夜晚來迎接財富為活動的宗旨，活動每天的主題都不同：第一天會將食物分送給民眾；第二天則是照顧人們忠實的朋友——狗，狗的頭上還會被塗上顏色的蒂卡（朱砂）；第三天則是要迎接財富之神到自己家中，大家會點上燈或蠟燭照亮晚上。在燈節的第四天大家會到別人家拜訪並唱出燈節特有的歌曲，房子的主人則會回報金錢或茶點，第五天女生會幫自己的兄弟點上蒂卡、戴上花環，象徵長壽和順利，而男生則會回贈金錢或是衣服等禮物喔！

日（ㄖˋ）本（ㄅㄣˇ）兒（ㄦˊ）童（ㄊㄨㄥˊ）節（ㄐㄧㄝˊ）

日（ㄖˋ）本（ㄅㄣˇ）的（ㄉㄜ˙）兒（ㄦˊ）童（ㄊㄨㄥˊ）節（ㄐㄧㄝˊ）也（ㄧㄝˇ）稱（ㄔㄥ）為（ㄨㄟˋ）男（ㄋㄢˊ）孩（ㄏㄞˊ）節（ㄐㄧㄝˊ），最（ㄗㄨㄟˋ）重（ㄓㄨㄥˋ）要（ㄧㄠˋ）的（ㄉㄜ˙）事（ㄕˋ）情（ㄑㄧㄥˊ）就（ㄐㄧㄡˋ）是（ㄕˋ）要（ㄧㄠˋ）掛（ㄍㄨㄚˋ）上（ㄕㄤˋ）鯉（ㄌㄧˇ）魚（ㄩˊ）旗（ㄑㄧˊ）。關（ㄍㄨㄢ）於（ㄩˊ）要（ㄧㄠˋ）掛（ㄍㄨㄚˋ）鯉（ㄌㄧˇ）魚（ㄩˊ）旗（ㄑㄧˊ）的（ㄉㄜ˙）原（ㄩㄢˊ）因（ㄧㄣ），相（ㄒㄧㄤ）傳（ㄔㄨㄢˊ）是（ㄕˋ）因（ㄧㄣ）為（ㄨㄟˋ）這（ㄓㄜˋ）個（ㄍㄜ˙）月（ㄩㄝˋ）分（ㄈㄣ）有（ㄧㄡˇ）許（ㄒㄩˇ）多（ㄉㄨㄛ）害（ㄏㄞˋ）蟲（ㄔㄨㄥˊ）會（ㄏㄨㄟˋ）破（ㄆㄛˋ）壞（ㄏㄨㄞˋ）農（ㄋㄨㄥˊ）作（ㄗㄨㄛˋ）物（ㄨˋ），所（ㄙㄨㄛˇ）以（ㄧˇ）農（ㄋㄨㄥˊ）民（ㄇㄧㄣˊ）們（ㄇㄣ˙）往（ㄨㄤˇ）往（ㄨㄤˇ）要（ㄧㄠˋ）製（ㄓˋ）作（ㄗㄨㄛˋ）很（ㄏㄣˇ）多（ㄉㄨㄛ）具（ㄐㄩˋ）有（ㄧㄡˇ）威（ㄨㄟ）嚇（ㄒㄧㄚˋ）作（ㄗㄨㄛˋ）用（ㄩㄥˋ）的（ㄉㄜ˙）稻（ㄉㄠˋ）草（ㄘㄠˇ）人（ㄖㄣˊ）插（ㄔㄚ）在（ㄗㄞˋ）田（ㄊㄧㄢˊ）裡（ㄌㄧˇ），用（ㄩㄥˋ）來（ㄌㄞˊ）驅（ㄑㄩ）趕（ㄍㄢˇ）害（ㄏㄞˋ）蟲（ㄔㄨㄥˊ）。一（ㄧˋ）直（ㄓˊ）到（ㄉㄠˋ）了（ㄌㄜ˙）江（ㄐㄧㄤ）戶（ㄏㄨˋ）時（ㄕˊ）代（ㄉㄞˋ），逐（ㄓㄨˊ）漸（ㄐㄧㄢˋ）變（ㄅㄧㄢˋ）成（ㄔㄥˊ）了（ㄌㄜ˙）製（ㄓˋ）作（ㄗㄨㄛˋ）鯉（ㄌㄧˇ）魚（ㄩˊ）旗（ㄑㄧˊ）的（ㄉㄜ˙）方（ㄈㄤ）式（ㄕˋ），並（ㄅㄧㄥˋ）且（ㄑㄧㄝˇ）懸（ㄒㄩㄢˊ）立（ㄌㄧˋ）在（ㄗㄞˋ）屋（ㄨ）前（ㄑㄧㄢˊ）的（ㄉㄜ˙）長（ㄔㄤˊ）竿（ㄍㄢ）上（ㄕㄤˋ）隨（ㄙㄨㄟˊ）風（ㄈㄥ）飄（ㄆㄧㄠ）揚（ㄧㄤˊ），一（ㄧˋ）方（ㄈㄤ）面（ㄇㄧㄢˋ）除（ㄔㄨˊ）了（ㄌㄜ˙）保（ㄅㄠˇ）佑（ㄧㄡˋ）家（ㄐㄧㄚ）裡（ㄌㄧˇ）的（ㄉㄜ˙）男（ㄋㄢˊ）孩（ㄏㄞˊ）們（ㄇㄣ˙）健（ㄐㄧㄢˋ）康（ㄎㄤ）成（ㄔㄥˊ）長（ㄓㄤˇ）以（ㄧˇ）外（ㄨㄞˋ），另（ㄌㄧㄥˋ）外（ㄨㄞˋ），日（ㄖˋ）本（ㄅㄣˇ）人（ㄖㄣˊ）認（ㄖㄣˋ）為（ㄨㄟˋ）鯉（ㄌㄧˇ）魚（ㄩˊ）代（ㄉㄞˋ）表（ㄅㄧㄠˇ）著（ㄓㄜ˙）不（ㄅㄨˋ）屈（ㄑㄩ）不（ㄅㄨˋ）撓（ㄋㄠˊ）的（ㄉㄜ˙）精（ㄐㄧㄥ）神（ㄕㄣˊ），期（ㄑㄧˊ）望（ㄨㄤˋ）家（ㄐㄧㄚ）中（ㄓㄨㄥ）的（ㄉㄜ˙）男（ㄋㄢˊ）孩（ㄏㄞˊ）們（ㄇㄣ˙）都（ㄉㄡ）能（ㄋㄥˊ）有（ㄧㄡˇ）像（ㄒㄧㄤˋ）鯉（ㄌㄧˇ）魚（ㄩˊ）一（ㄧˊ）樣（ㄧㄤˋ），擁（ㄩㄥˇ）有（ㄧㄡˇ）不（ㄅㄨˊ）畏（ㄨㄟˋ）艱（ㄐㄧㄢ）難（ㄋㄢˊ）的（ㄉㄜ˙）氣（ㄑㄧˋ）概（ㄍㄞˋ）。除（ㄔㄨˊ）了（ㄌㄜ˙）男（ㄋㄢˊ）孩（ㄏㄞˊ）節（ㄐㄧㄝˊ）外（ㄨㄞˋ），懸（ㄒㄩㄢˊ）掛（ㄍㄨㄚˋ）鯉（ㄌㄧˇ）魚（ㄩˊ）旗（ㄑㄧˊ）也（ㄧㄝˇ）有（ㄧㄡˇ）表（ㄅㄧㄠˇ）示（ㄕˋ）男（ㄋㄢˊ）孩（ㄏㄞˊ）生（ㄕㄥ）日（ㄖˋ）的（ㄉㄜ˙）含（ㄏㄢˊ）意（ㄧˋ）。

日本女兒節

　　女兒節原名叫做雛祭，是日本女孩子的節日，又稱為人偶節、上巳，屬於「五節句」之一的「桃之節句」，本來在農曆的 3 月 3 日，明治維新後改為西曆的 3 月 3 日，當天雖然不是日本國定假日，但家中的成員都會儘量聚在一起祝福女孩子健康平安的長大成人呢！在這個節慶中，父母還會為女兒設置階梯狀的陳列臺，由上至下，擺放穿著各種和服的娃娃，這種娃娃在日本稱為雛人形，也從天皇、皇后到盆栽、牛車分為七種階段的造型，娃娃們價格都非常昂貴喔！通常在嫁女兒的時候也會作為嫁妝送給女兒。

猶太人光明節

　　光明節又稱為修殿節、哈努卡節、獻殿節、燭光節、馬加比節等等，是一個屬於猶太教的節日，第一天晚上，人們都會邀請親友吃一頓豐盛的晚餐並互相祝賀，最重要的儀式就是在第一天舉行的！先讓兩盞燈互相點燃，並且在接下來的每天點燃另一盞，直到八天後點燃全部九盞燈臺。這個節慶從西元前165年開始就有猶太教徒信守呢！光明節是為了紀念猶太人在馬加比家族的領導下，從敘利亞塞琉古王朝國王安條克四世手上奪回耶路撒冷這個城市，並重新將耶路撒冷第二聖殿獻給上帝的這天，通常舉辦於猶太曆的基斯流月。

俄羅斯 白夜節

　　白夜節舉行在每年 6 月中旬到 7 月中旬之間，是聖彼得堡著名的節慶，而聖彼得堡是世界少數擁有白夜奇觀的城市喔！白夜又稱不眠夜，因為在白夜這段期間日照時間最長，短暫的黃昏之後又開始出現早晨的陽光，剛落下的紅日再次升起，幾乎沒有黑夜，政府也會安排許多藝文活動熱鬧慶祝，除了傳統劇之外，也有街頭表演、遊行、音樂會、煙火秀、市集等，人們會在節慶的時間從早玩到晚上，主要重頭戲是在每晚的「升橋」時間，聖彼得堡市內的多座大橋會於半夜打開讓遠洋輪船經過，形成斷橋的奇景。

北歐仲夏節

仲夏節對北歐國家來說是相當盛大的傳統節慶，這個節慶意味著漫長的酷寒與黑夜都過去了，慶祝白晝最長的仲夏來了，將帶來光明與溫暖。而在瑞典、丹麥和芬蘭是國定假期。每年 6 月 24 日或是當週的星期六舉辦慶祝活動，最廣為人知的活動就是「燒大火」。大火除了能夠表現光明與溫暖，更能夠燒光各種不好的惡魔、女巫，趕走黑暗帶給人們的恐懼。在北歐不同國家有不一樣的慶祝方式呢！丹麥是架起篝火堆，大家聚在一起喝酒，並燒毀女巫造型的玩偶；而在芬蘭則是會換上傳統服飾在湖邊聚會、跳舞呢！

北義爆橘節

　　每年 2 月分是北義最熱鬧、最瘋狂的爆橘節，又被稱為「橘子大戰」。起源自 12 世紀時，有一位磨坊工人的女兒在新婚夜拒絕與當時有權勢的公爵同房，她不但憤怒的殺了那位公爵，還發起平民群眾的反抗，是一場象徵著打倒權貴的戰爭。在節慶的現場，會由一名女性扮演工人的女兒，另外會有一輛馬車，馬車上的人代表公爵的衛兵，而丟擲橘子的人群是反抗份子，橘子代表了古代的箭和石頭。不過，觀眾是不可以參與丟橘子的，但是卻可以獲得邀請成為戴紅帽的「反抗份子」，這樣就不會被丟中還能一起同樂，是不是很瘋狂呢？

南非紫葳花季

在北半球進入秋季的時候，位在南半球的南非進入了百花齊放的春季，從1939年開始，每年10月至11月時，南非的普利托利亞陷入了一片浪漫又夢幻的紫色花海，那就是紫葳花。普利托利亞有7萬棵左右的紫葳花樹，從行道樹到家中花園，滿滿的都是紫葳花，所以普利托利亞又稱為「紫色之城」。19世紀時，一位行醫的醫生將紫葳樹引進南非，普利托利亞就以紫葳花樹當作行道樹，因此每到紫葳花開的季節，路樹一路排開綿延幾十、幾百公里都是紫色花海，非常唯美、浪漫。看了也會很想去一趟吧！

愛爾蘭聖派翠克節

　　愛爾蘭到了 3 月 17 日這天，醒來睜開眼後看見的全部都會一片綠油油，不管是衣服褲子、帽子、頭髮，甚至連河水也是綠色的。傳說有個原本住在大不列顛島的男孩，名叫派翠克，他在 16 歲那一年被海盜俘虜，接著被帶到愛爾蘭去當奴隸，他每晚都在向上帝祈禱可以順利回到家鄉。那幾年雖然他遇到非常多的劫難，但是都順利度過，他深信這一切是上帝的指引，於是他在愛爾蘭成為一名傳教士，除了宣揚基督教以外，也建立教堂和學校來教育人民。愛爾蘭人為了紀念這名聖者，就以他去世的日子訂為最重要的節日之一。

葡萄牙國際沙雕節

　　葡萄牙國際沙雕節從西元2003年起開始，在葡萄牙南部阿爾加夫地區的佩拉市舉行，每年沙雕節都會有不同的主題，例如：音樂、偶像等。雖然沙雕並不是能夠永久保留的藝術作品，但仍是眾多藝術手法之一。在沙雕節中，大會邀請超過六十位沙雕藝術家一同來創作，藝術家們會運用超過35000公噸的沙子在約15000平方英尺的海灘上做展示，你能想像這麼多的沙子創造的藝術品嗎？活動期間沙灘上形成令人驚豔的沙雕世界，而這也是世界上最盛大的沙雕節活動。

墨西哥國際熱氣球節

在美國新墨西哥州的阿爾伯克基市，每年的 10 月分會舉辦為期一星期的熱氣球節。這裡的熱氣球節可是全球最盛大的，鄰近墨西哥地區也讓活動中的熱氣球充滿許多南美色彩，世界各地的特色熱氣球都會到這裡的天空來展示。也因為當地的天氣、地理位置都對熱氣球有很大的優勢，對駕駛員來說非常好控制熱氣球的升降，能讓它們降落在同一個地方。在活動期間，會有大約 750 個上限的熱氣球共同參與呢！這個活動在 2000 年還曾經達到 1019 個熱氣球，列入金氏世界紀錄唷！

土耳其塗油摔角節

　　每年 6 月底到 7 月初在土耳其都會舉行塗油摔角節，成千上萬的人會湧進舉辦地區——埃迪內，觀看摔角手們是怎麼爭奪克爾克普那爾黃金腰帶以及大摔角手的稱號。這個節日起源於 14 世紀，健力士世界紀錄將這個節日評為最古老的運動比賽。在活動開始前，會先由傳統的「達富鼓」及「祖爾納嗩吶樂隊」進行表演，在摔角過程中，也會有傳統曲目的演奏。塗油摔角比賽規定只有男性能參與，並且要穿著牛皮製的厚長褲，等介紹完選手後，會有人幫摔角手全身都抹油，接著開始熱身並相互問候，然後就開始比賽。

西藏藏曆新年

　　藏族有著自己的藏曆新年，這是藏族一年之中最期待的節慶，人們會在屋頂上掛上五色經幡，每一塊經幡都寄託著人們的美好意願和祝福。古代沒有藏曆，當時的人們認為只要桃花開了就是新的一年，現在的藏曆起源公元 1027 年開始。藏曆除夕夜時，各家各戶都會在年夜飯吃「古突」（麵疙瘩），每個家庭主婦在做「古突」時，會包入九種東西測試家人們新的一年的運氣，每一個人吃到什麼東西都要當場吐出來讓大家看看，吃到羊毛表示溫柔又有耐心；吃到辣椒代表嘴巴像刀子一樣，甚至還有吃到牛糞的，但那可是代表好運氣喔！

英國篝火節

　　每年11月5日英國會舉辦篕火節，篕火節又稱為「蓋伊‧福克斯之夜」，起源於400年前一名字叫做蓋伊‧福克斯的人，他因為不滿國王的政策，所以和同伴合夥企圖在11月5日這天燒毀國會大廈並且炸死國王。沒想到，這個計畫被國王發現了，他和同伴們就被逮捕並處死了。這天晚上，受到驚嚇的人們點燃篕火感謝上帝保護人民與國王，從此之後，英國就保留了這個傳統一直到今日。如今，每到這一天，英國各個鄉鎮都會以施放煙火或者燃燒營火來紀念，然後將蓋伊‧福克斯的人物模型扔到火中。

迎財神

　　在華人世界中，農曆大年初五是迎財神的日子。所謂財神指的就是中國神話人物——趙公明。傳說趙公明是個非常懶惰的人，只有在大年初五時，會帶領著四個小神仙「招寶天尊蕭昇」、「納珍天尊曹寶」、「招財使者陳九公」、「利市仙官姚少司」下凡探視人間，所以古時候的人們會在這天放鞭炮、點香、放供品來迎接他的到來。因為這四個小神仙都與財富有關係，所以趙公明才被封為財神喔！現今的民眾，多是在土地公廟、財神廟擺放金元寶、福金紙、金元寶各 8 個來迎接財神的到來，並祈求一年的財富。

冬（ㄉㄨㄥ）至（ㄓˋ）

　　冬至的日期在農曆中是沒有固定，大約在農曆11月15日前後30天以內。這一天，太陽會直接照射在南回歸線上，使得北半球呈現白天最短，黑夜最長的情形；不過在這天過後，太陽會向北回歸線移動，北半球地區就會慢慢的從冬季邁向春季，也就是代表著冬天結束的節氣呢！我們在冬至除了會祭拜祖先之外，最重要的習俗——吃湯圓，表示團圓之意，也代表著一年即將過去，又長一歲的意思。而「補冬補嘴洞」也是臺灣常聽到的俚語，意思是在冬至這天要燉煮補品，好好進補身體來填填嘴喔！

中元普渡

中元節也叫盂蘭盆節。農曆 7 月是俗稱的鬼月，農曆 6 月 30 日的晚上 11 點是鬼門開的時間，從這時開始，陰間的鬼魂可以到陽間來，一直到七月底鬼門才會關閉。而在農曆 7 月 15 日就是中元普渡。相傳有一個佛陀弟子目蓮的母親，個性不好又很喜歡殺生，因此死後下了地獄，目蓮運用神力，到了地獄用食物想要解救母親，卻因為母親的罪孽太深而解救不了。佛陀要他每年的這個時候舉辦法會，準備百味五果共同祭祀，才能解救。從此以後，佛教徒會在這天舉辦法會，為孤魂野鬼超渡，這就是中元普渡的故事之一。

大甲媽祖文化節

　　大甲媽祖遶境進香在每年農曆正月15號擲筊定期，活動長達九天八夜呢！途中會經過臺中、彰化、雲林、嘉義四個縣市，共二十一個鄉鎮市，超過百座廟宇，加起來要走上將近330多公里的路，是個非常盛大的節慶呢！從日治時代就開始的「大甲媽祖遶境進香」是現在臺灣民間信仰中最著名的迎神廟會活動，也是最具代表性的臺灣傳統節慶。近年來，每年舉辦的「大甲媽祖國際觀光文化節」已從民間信仰晉升為名列全世界三大宗教活動之一，更讓臺灣成為全世界媽祖信仰的重要地點，成功打響國際知名度。

東（ㄉㄨㄥ）港（ㄍㄤˇ）迎（一ㄥˊ）王（ㄨㄤˊ）平（ㄆ一ㄥˊ）安（ㄢ）祭（ㄐ一ˋ）

　　臺灣是個島國，四面環海，早期居民都以捕魚為生，但生活及醫療都很貧乏，衛生習慣又不佳，所以瘟疫到處感染。然而居民知識有限又迷信，所以想藉由神明的力量驅趕瘟疫，這就是早期王爺崇拜的由來。常出海的居民為了祈求海上平安，所以與海神有關的信仰也因此源起。東港人稱「東港迎王」，過去稱作燒王船或東港王船祭容易讓人誤解此祭典是以王船為主的活動，事實上王船是迎王祭典中最後送王的工具，每三年舉辦一次以東港東隆宮所主祀的溫府千歲，在全鎮七角頭的共同合作之下，進行迎送「代天巡狩」的五位千歲爺。

觀世音菩薩

　　觀世音菩薩和大勢至菩薩，是阿彌陀佛的左、右脅侍菩薩，稱為「西方三聖」。有個觀世音菩薩的傳說：妙莊王和他的第三個女兒妙善吵架之後，妙善決定出家成為尼姑。有一天妙莊王生了重病，妙善就裝成一個僧侶去看父親，告訴父親他需要女兒的手和眼睛，病才會好，而另外兩個女兒不願意，妙善又裝成了仙人，將自己的手及眼睛都拔下來給了父親，等妙莊王病好了以後，祈求老天讓仙人再長出手及眼睛，沒想到妙善長出了一千隻手、眼睛，被稱作千手千眼觀世音菩薩。從此妙莊王建造了寺廟，供奉觀世音菩薩。

關聖帝君

　　關聖帝君尊稱關公、關老爺，姓關名羽，與劉備、張飛三個人結拜成不同姓的兄弟，被稱為「桃園三兄弟」。關羽從小練武又擅長讀書，是個文武兼備的人。生前是個有情有義之人，為了蜀國一直鎮守荊州，最後失敗死於異鄉，荊州人非常不捨，為他建立了玉泉祠來紀念他。關羽的形象一直都是很忠義正直的，從東漢到清代被封了非常多的封號呢！像是「忠惠公」、「義勇壯繆侯」、「協天護國忠義大帝」等。最後一個封號「忠義神武靈佑仁勇威顯護國保民精誠綏靖翊讚宣德關聖大帝」還長達二十六個字呢！

七爺與八爺

　　七爺和八爺又稱黑白無常、范謝將軍。七爺姓謝名必安，又稱白無常；八爺姓范名無救，又稱黑無常。傳說謝必安與范無救有一次相約在橋下，謝必安回去拿些東西，在這期間卻突然溪水暴漲，而范無救身型較矮小，所以就這樣被水淹沒溺斃。謝必安回來發現後，也因為難過和愧疚跟著上吊自殺了。天帝知道了這兩個重情重義的人後，就將他們封為七爺八爺，到城隍爺身邊幫他抓鬼魂當鬼差。而七爺的樣貌因為是上吊自殺，所以臉是蒼白，舌頭則吐出來；八爺因為怨恨七爺沒有及時搭救所以臉是黑的，又因為溺水嘴巴是開的。

媽祖

媽祖又稱天上聖母、天后、天后娘娘、天聖聖母、天妃、天妃娘娘等，一般人尊稱祂為「媽祖」或是「媽祖婆」，祂祖籍福建，本名叫「林默娘」，傳說祂出生到滿月從沒哭過，且母親懷祂之時，曾夢到觀世音菩薩拿一朵花給她吃。祂13歲時，遇見一位道士傳授法術，長大後的某天在睡夢中救了爸爸及其他漁民被奉為神蹟。28歲時，再次要救在海上遭遇危難的漁民卻失去生命，死後升天得道，從此在漆黑的海上拯救遭遇海難的漁民，漸漸成為大陸沿海及臺灣一帶人民普遍信仰的神，是大家的守護神呢！

釋迦牟尼佛

2500多年前，在印度喜瑪拉雅雪山腳下的城中，誕生了一位王子叫做釋迦牟尼。29歲時他看清了人世間繁華背後的虛幻以及生老病死的自然現象，他堅決的放下了即將要繼承的王位，也捨棄了妻子、年幼的孩子以及一切的榮華富貴開始修行。祂是佛教創始人，被尊稱為佛陀，也有人稱佛祖。「釋迦」翻作中文意思叫能仁，仁是仁慈、慈悲的意思，而「牟尼」是梵語，意義是清淨，「佛」是覺的含義，象徵有覺醒而不迷戀，一般而言，虔誠的佛教徒不會認為釋迦牟尼佛是神，而是跳脫輪迴的智者喔！

彌勒佛

　　彌勒菩薩是佛教中八大菩薩之一，在華人地區又稱為彌勒尊佛，彌勒有著慈愛的意思，因為彌勒佛滿面笑容、面容慈祥，所以也被稱作笑佛喔！祂給人歡喜快樂、逍遙自在的深刻印象，又有著大大的肚腩，象徵能夠包容一切。手拿著禪杖，肩上背著荷布袋，所有供身資具通通放在囊袋中。祂對所有眾生絕對不會有殺戮的念頭，不論是人類或動物，擁有非常廣大的慈悲，而祂也規定祂的信徒不能吃肉，這種吃素的觀念在剛開始釋迦牟尼佛的佛教時期還沒有那麼普遍，因此彌勒佛在大乘佛教中的地位相當的高呢！

玄天上帝

　　玄天上帝是統理北方的道教大神，北方在「五行」中屬於水，所以玄天上帝可是管理所有與水有關的事情喔！還有個傳說：在玄天上帝尚未成為神仙前是個地方惡霸，某天他做了夢，夢中自己的腸跟胃都是黑色的，驚醒的他決定要改過向善，於是下定決心拜妙樂天尊為師開始修行。有一天，兩個妖怪作亂，原來是他的腸與胃變成蛇妖與龜怪，為了不讓牠們繼續作怪，他將右腳踩住蛇妖，左腳踏著龜怪，手上拿著七星寶劍回到武當山繼續修煉，最終得道成仙。也因為這段傳奇故事，坊間也把玄天上帝做為屠宰業的守護神。

月下老人

　　月下老人簡稱為月老。傳說在唐朝，名叫韋固的少年，有天遇到滿臉花白的老人在月光下看書，旁邊放了一個袋子，韋固走過去問老人看的是什麼書，老人回答說：「這是鴛鴦譜。」，又問了袋子裡面是什麼，老人則說裡面的紅繩是用來綁住會成為夫婦的人，韋固覺得很好奇，隨口問了問自己未來的老婆，老人指著一旁賣菜婦人的 3 歲女兒，韋固覺得女童長得不好看，於是派人行刺女童，使她在眉毛留下疤痕。14 年後，韋固娶了妻，仔細一看才發現眉毛上的疤痕和當年小女孩居然一模一樣。從此，月下老人的傳說便傳開了。

城隍爺

城隍爺又稱城隍老爺、城隍尊神。城原本是「城牆」的意思，隍是「護城河」。在早期，城隍爺是民間的守護神，到後來才變成管理陰間的神明。城隍爺管理著人的出生到死，祂的旁邊有一個文判官，會拿著一本生死簿，紀錄每個人的好壞，人過世後，城隍爺會派范、謝兩大將軍（也就是俗稱的七爺和八爺）將靈魂帶回城隍廟，看著生死簿決定他們該去地獄還是天堂。而有一些鬼魂會在陽間飄蕩，這些鬼魂就由城隍爺來管理。在臺灣流傳一句諺語：「水鬼做久了會變城隍」，意思是指在自己的位置上努力著，有一天一定會成功！

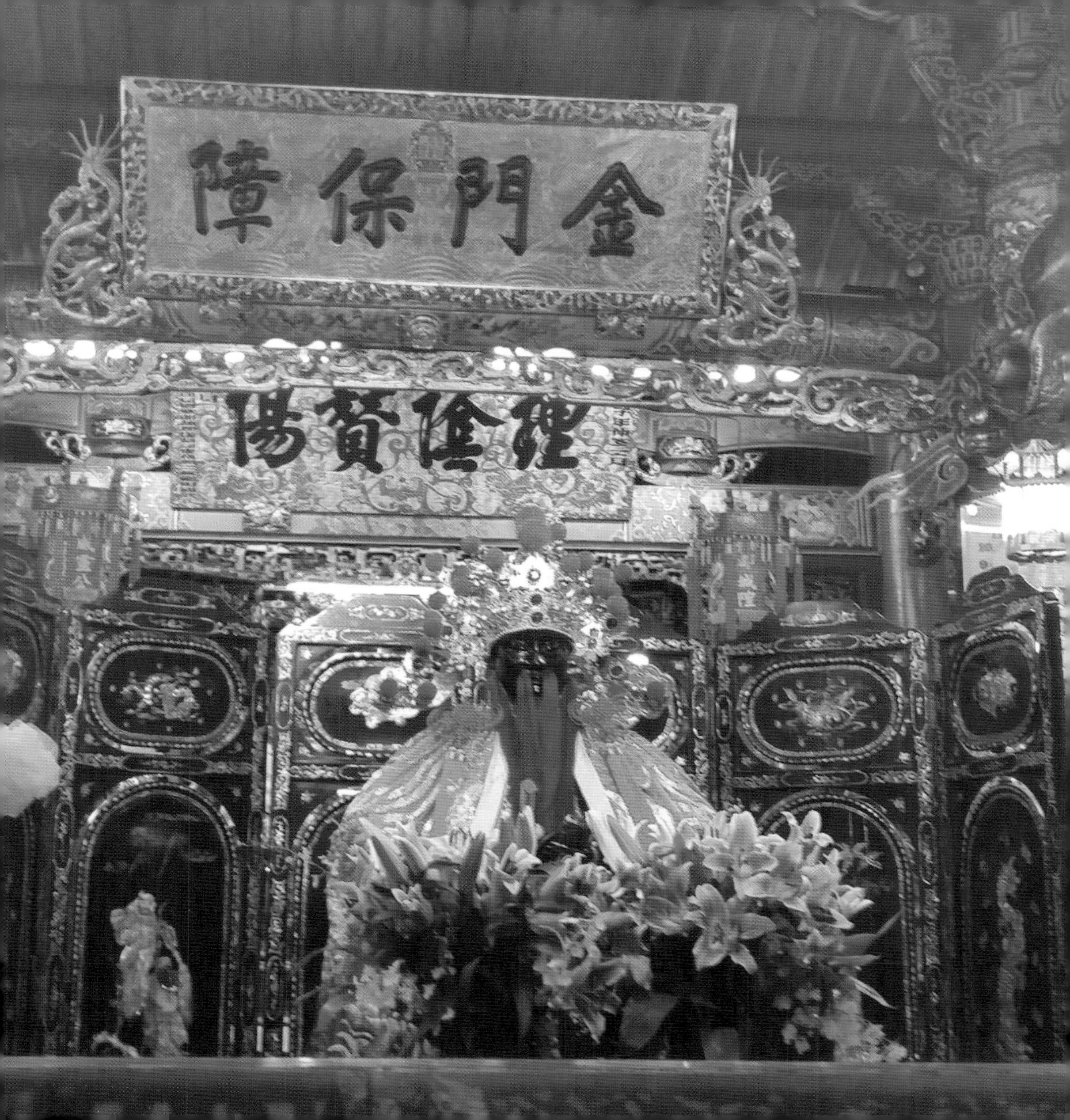
金門保障
理陰贊陽

保生大帝

　　保生大帝少時曾經被崑崙山西王母傳授法術，精通天文地理、禮樂、醫術，後來更辭掉官職去修道成為醫生救人，是大陸閩南地區及臺灣、東南亞華人所信奉的醫神！也有人稱祂為「大道公」、「吳真人」以及「花橋公」，傳說中祂在採藥時曾經用醫術救過被食物噎到的老虎、患有眼睛疾病的蟠龍，在臺灣早期泉州成為重要的民間信仰之一，而臺灣奉祀保生大帝的廟宇以臺南市學甲慈濟宮、臺北市大同區大龍峒保安宮、臺中市元保宮最為著名，每年的農曆3月也會有關於保生大帝的大型祭典在各地舉行喔！

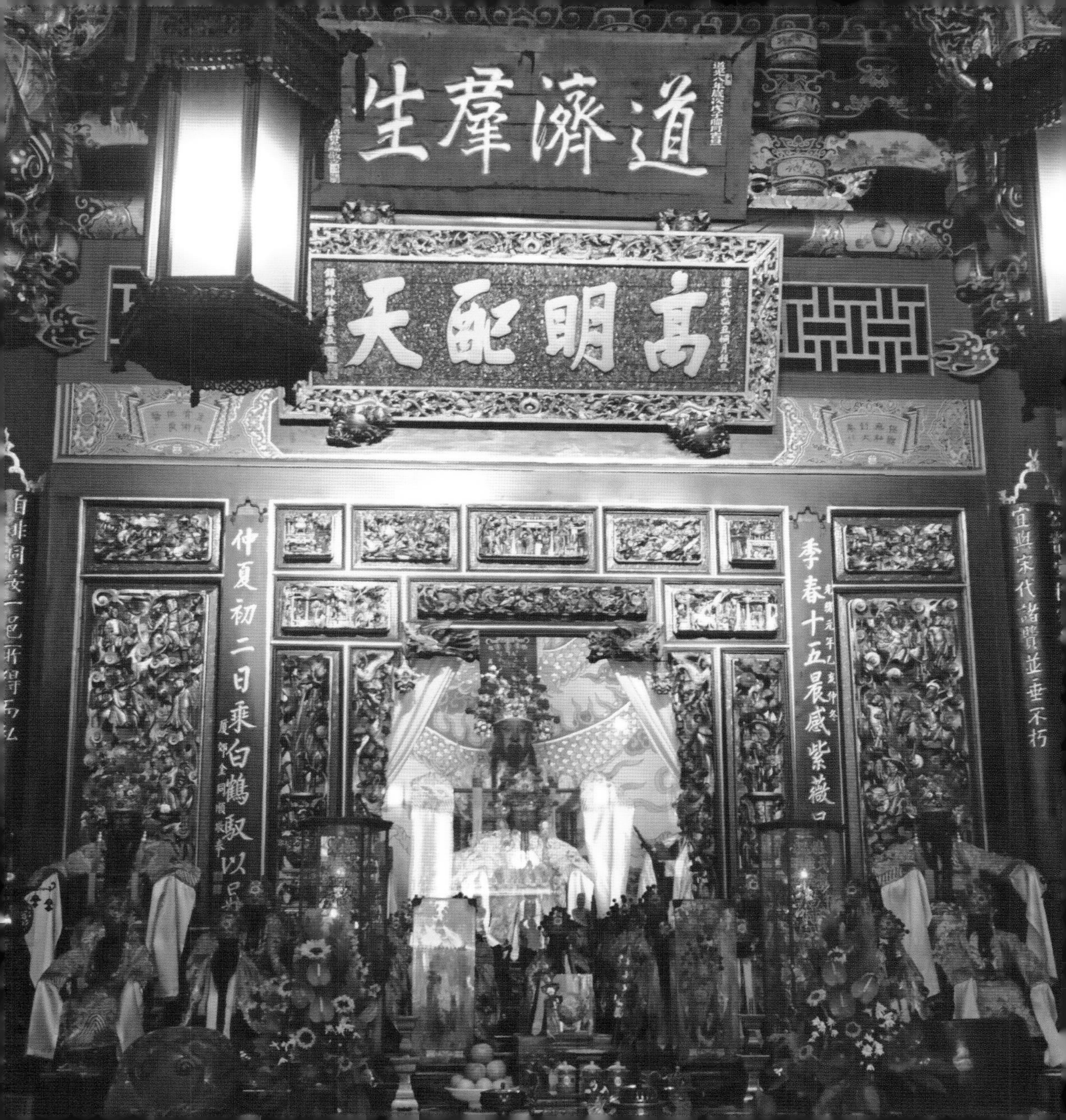
道濟羣生
高明配天
仲夏初二日乘白鶴馭以
季春十五晨感紫薇
宜與宋代諸賢並垂不朽

虎爺

　　虎爺是臺灣與中國民間信仰裡面，一種以老虎為形象的神祇，通常我們會用生雞蛋以及簡單的生肉類來奉祀，並且將祂供奉在神桌底下，祂俗稱虎爺公、虎爺將軍、虎將軍、下壇將軍，同時也是許多神明的坐騎，信仰中供奉祂的原因是因為祂會守護廟宇、城鎮、兒童，甚至可以招財，也因為祂時常保護小朋友，讓許多家長會帶著孩子去認虎爺作為義父呢！而且習俗中患有豬頭皮的患者，因為相信「虎能食豬」所以也會特地以紙錢繞過虎爺的神像，並抹在患病的地方，或是在患病的地方寫上虎字以求康復唷！

文昌帝君

　　文昌帝君的全名是文昌梓潼帝君，簡稱梓潼帝君、文昌君，是保護文運與考試運的神祇，元明後，因為科舉制度越來越有規模，所以對文昌帝君的奉祀也就更普遍，不僅於各大城市，鄉間書院和私塾也都供奉文昌香火或神像、神位。通常考生在考試之前，都會帶著准考證及文具到有供奉文昌君的廟宇拜拜，祈求神明保佑自己拿到好成績並且考上自己理想的學校呢！而文昌帝君由於生前是個將領，常常騎著戰馬，現代稱「祿馬」，傳說祂能帶福祿而來，所以有句俗話說：「祿馬得得跑，官位步步升。」

雷公雷母

　　雷公是雷之神，又稱為雷師。雷母是閃電之神，被稱之為金光聖母、閃電娘娘。傳說中，雷母在人間時家裡很窮，每天都只能吃粥。因為婆婆生病了，她就把家裡的米都讓給婆婆吃，自己只喝煮粥的湯水。有一天，她發現刨瓜將可以拿來煮粥，沒想到卻被婆婆誤會，以為媳婦吃的米粒比她還大，便罵媳婦不孝，雷公在天上看到後，便將不孝的媳婦用雷劈死。天庭最終發現是雷公誤會了，於是派她做為雷母，每當雷公要劈雷時，請雷母先照亮好目標，看清楚人、事、物的好壞，避免再次發生像雷母那樣，誤會了善良百姓。

土地公和土地婆

　　土地公又稱福德正神，是民間信仰最普遍的神明之一。在傳統文化中，祭祀土地神即祭祀大地，現代多屬於祈福、求財、保平安、保農業收成之意。土地公雖是道教眾神中地位較低，但卻是與民眾較親近的神祇呢！土地公很仁慈，笑容滿面，土地婆恰恰相反，整天都擺著臭臉。土地公希望窮苦的人都能過得更舒適；而土地婆卻認為對命裡本來就沒有財、福之人，則不應該分享自己的福分給他們，所以常常加以勸阻土地公。也由於土地婆多次的阻止土地公隨意幫助人們，所以人們就不再興盛祭祀土地婆，而只祭祀土地公了。

註生娘娘

　　註生娘娘又稱為授子神、註生媽，是閩南地區與臺灣最受尊奉的生育女神，祂是掌管授子、懷孕、生育，還有保護孕婦、產婦以及嬰兒的神明，所以除了授子外，也是孩童的保護神喔！祂的左手拿著生育簿，右手執筆，每一個婦女該生幾個小孩，會是男孩或女孩，祂的生育簿上面都有記載呢！因此有許多想要生小孩的婦女，或是祈求平安順產的孕婦，都會去奉祀祂。關於註生娘娘的由來說法很多：有人說祂是唐朝精通法術的臨水夫人陳靖姑；在《封神演義》裡，祂則是雲霄、瓊宵、碧宵三姊妹，合稱三姑，也是「龜靈聖母」的門徒。

幼福知識通
世界節慶小百科

編　　者：幼福編輯部
　　　　　侯佳玲
插　　圖：歐雅玲
主　　編：高伊姿
責任編輯：劉慧潔
　　　　　林儷軒
　　　　　黃心怡
美術編輯：陳俐吟

出　版　者：幼福文化事業股份有限公司
地　　址：236 新北市土城區民族街 11 號 2 樓
電　　話：886-2-2269-6367
傳　　真：886-2-2269-0299
初版一刷：2015 年 11 月
定　　價：依封面價格為準
法律顧問：朱應翔　律師
　　　　　滙利國際商務法律事務所
　　　　　台北市敦化南路二段 76 號 6 樓之 1
　　　　　電話：886-2-2700-7560
法律顧問：徐立信　律師

本書圖片來源出自於：
典匠資訊股份有限公司 www.shutterstock.com

世界節慶小百科／幼福編輯部編著．-- 初版 .--　　新北市：幼福文化，2015. 11
　　面；　公分　　注音版　　ISBN 978-986-243-478-9（精裝）
　　1. 百科全書　　2. 兒童讀物
047　　　　　　　　　　　　　　　　　　　　　104017789